CIVILISATION DE L'AFRIQUE

IMMIGRATION DE NOIRS LIBRES

VERS LES COLONIES.

L'Esclavage, cette institution que la force spoliatrice a fondée dès l'origine connue du monde, a, comme tout ce qui profite aux forts, reçu partout la consécration légale : de nos jours encore, dans des contrées chrétiennes, on le proclâme d'origine divine et on l'affirme comme moyen providentiel de civilisation et de progrès.

L'Angleterre par esprit religieux, la France par entraînement philosophique, se sont purgées de cette lèpre ; mais hélas ! au prix de sacrifices qui aurait fait reculer les plus intrépides, si le fanatisme religieux ou philosophique reculait jamais.

A tous les points de vue, l'abolition de l'esclavage a été mal opérée par l'Angleterre et par la France : elle a non seulement obéré l'état, ruiné les particuliers, anéanti de magnifiques propriétés ; mais encore elle a été pour les émancipés une effroyable cause de destruction : ils ont fondu au soleil de la liberté. Prenons deux éclatants exemples : Les colonies Orientales de Maurice et de la Réunion — florissantes aujourd'hui par l'immigration indienne, — témoignent qu'alors que les propriétaires n'ont plus veillé à la conservation de ceux que la liberté venait de soustraire à leur tutelle, la paresse et l'ivrognerie s'en sont emparés et en ont opéré une telle destruction, qu'à Maurice surtout, la population anciennement esclave a presque complément disparu.

Le mal, quoique très grand, a été moins intense aux Antilles ; quant aux Guyanes anglaise et française — ces terres les plus fertiles du globe, — elles attendent le remplacement de leur ancienne population agricole perdue pour le travail régulier.

Voilà le résultat que poursuivent encore les sociétés

abolitionnistes ! une aussi triste expérience ne leur a suggéré aucun moyen nouveau pour empêcher que la libération des noirs, encore esclaves aux colonies espagnoles, au Brezil et aux Etats-Unis, ne soit pas pour les maîtres et pour eux-mêmes une redoutable calamité.

Ces sociétés attaquent l'esclavage là où il a été importé, sans avoir aperçu les moyens efficaces de le détruire à sa source. Sans leur inutile intervention, il tombera de lui-même, le jour où il ne pourra plus être ravitaillé et qu'il sera mis en regard avec le travail libre dont j'indiquerai plus loin les éléments.

En admettant même — hypothèse inadmissible avec l'exemple que nous leur avons donné — que les états à esclaves consentissent aux fausses mesures que l'Angleterre et les sociétés pour l'abolition voudraient leur voir adopter, on n'aurait fait qu'une bien faible partie du travail réparateur. Il n'y aurait plus d'esclaves chez les chrétiens, mais l'Afrique resterait sous l'odieuse institution ; les noirs qui seraient embarqués comme libres ne seraient toujours que le résultat de razias faites pour obtenir cette contre-valeur des importations du commerce maritime

L'autorisation récemment donnée par l'Empereur pour le recrutement d'engagés sur la côte africaine, afin de fournir des travailleurs aux colonies françaises, a excité les clameurs de l'Angleterre, elle n'a vu dans ce mode qu'une traite déguisée et a crié à la violence de la foi jurée.

Que va-t-elle dire de la Louisianne qui, a titre d'essai, va, dit-on, recruter deux mille cinq cents noirs libres par des engagements de quinze années. Cet exemple sera probablement suivi par l'Espagne et le Brézil.

Loin de combattre cet avènement de la liberté dans la constitution du labeur intertropical, l'Angleterre, trop clairvoyante pour n'en pas saisir la bienfaisante portée, le pratiquerait pour ses nombreuses colonies — ce que les colons anglais ont eux-mêmes sollicité — si elle ne s'arrêtait devant les inévitables conséquences de cette mesure.

Il est hors de doute que pour les pays d'importation, l'introduction d'engagés africains ne soit la meilleure des immigrations, puisque c'est de beaucoup la moins dispendieuse et que seule elle assure une population sédentaire, se multipliant elle-même.

Il est également incontestable que pour le noir vaincu et prisonnier, dévolu dans son pays à un éternel esclavage, se réveiller libre sur le sol français, n'y être astreint qu'à un engagement de huit ou dix années envers des propriétaires intelligents et sous le patronnage de la magistrature et de l'administration, c'est une magnifique faveur de la providence.

Mais l'Angleterre ne s'y trompe pas : elle qui a fait admettre l'abolition de la traite : elle qui a obtenu et exercé le périlleux droit de visite : elle qui a fait une effroyable dépense d'hommes, de navires et d'argent pour, non anéantir, mais gêner seulement l'odieux trafique des négriers ; voit, par le mode nouveau de recrutement, ses efforts perdus, son système anéanti et l'Afrique plus que jamais plongée dans la barbarie engendrée par l'exécrable commerce auquel vont se livrer, en pleine sécurité, les avides Roitelets de ses côtes, surexcités par les nombreuses demandes des recruteurs.

A ce point de vue les réclamations de l'Angleterre sont parfaitement fondées : la mesure contre laquelle elle proteste est évidemment entâchée d'égoisme : bien certainement elle est contraire sinon à la lettre du traité, du moins à son esprit.

L'Europe aspire à voir l'Afrique entrer dans les voies de la civilisation, elle prodigue à cet effet ses missions religieuses et scientiques; mais combien jusqu'ici de nobles dévouement ont été stériles et qu'il est facile de prévoir leur éternel insuccès tant que la constitution politique de l'Afrique n'aura pas été modifiée.

Les deux aspirations de l'Europe à l'égard de l'Afrique :

1° Sa civilisation ;

2° Le recrutement de ses enfants pour l'exploitation des colonies intertropicales, peuvent-être satisfaites ; la seconde servant efficacement à la réalisation de la première, au lieu d'en être, comme dans l'ordre actuel, la négation absolue.

Si nous ignorons presque complétement ce qui existe dans les profondeurs du vaste continent africain, nous possédons assez exactement des notions géographiques et statistiques sur les états riverains de l'Océan. Nous savons que des peuplades plus ou moins nombreuses, mais ne constituant nulle part, — même dans le Dahomey — de vastes et puissants empires, fractionnent le littoral et que, Cannibales pour la plupart, elles se font des guerres de dévastation pour satisfaire aux nécessité de leur commerce avec les négriers, ou, en temps de disette, pour se procurer un hideux aliment. Aucune de ces peuplades n'a les éléments nécessaires pour une guerre de conquête et d'aglomération : les notions d'humanité, les connaissances administratives, plus encore que la force matérielle, leur manquent absolument.

Le rôle de l'Europe se dessine facilement.

Diviser géographiquement le littoral en vastes régions destinées à devenir des Empires devant se projeter indéfiniment vers l'intérieur.

Choisir dans chacune de ces divisions la peuplade la plus considérable ou la moins réfractaire à la civilisation : faire de son roi le pivot des opérations d'aglomération ; lui fournir quelques uns de ces hommes comme l'Europe en a toujours surabondamment, qui, en un tour de main et aidés du matériel qui leur serait fourni, auraient bientôt organisé des corps comme ceux qui viennent d'être créés au Sénégal, devant lesquels toute résistance des autres peuplades serait impossible.

De même que les grandes nations ne se sont constituées que par l'assimilation de toutes les parties qui antérieurement formaient diverses souverainetés, de même en Afrique, en ajoutant peuplades à peuplades et en les unissant par une forte centralisation, en bien peu de temps on aura créé des nations qui, sous l'impulsion toujours agissante du génie européen, s'organiseront rapidement et marcheront d'un pas assuré vers une situation chaque jour plus évidente.

Le mahométisme ne pousse que lentement ses conversions de l'intérieur vers les côtes, il n'exerce encore aucune prépondérance sur le littoral ; il sera dès lors facile aux missionnaires chrétiens de propager notre religion sous l'efficace protection des princes que nous aurons créés ou agrandis ; seulement, pourra-t-on s'entendre pour assigner aux propagateurs de la foi, des zônes où ils ne se trouveront pas en opposition de sectes ?

Il ne s'agit pas, dans le présent, de détruire d'un seul coup l'esclavage intérieur si profondément lié aux idées, aux institutions, aux intérêts des princes noirs, il faut seulement empêcher que la conquête n'en soit l'extension ; que les peuplades agglomérées restent libres comme avant : l'incorporation ne devra pas être cause de servitude.

Tout celà peut-être obtenu avec peu de forces et de faibles dépenses : L'Angleterre seule a plus dépensé pour le droit de visite qu'on ne dépensera pour l'œuvre que j'indique.

L'Angleterre, la France, l'Espagne, la Hollande ont tout autant de possessions loitaines qu'elles peuvent en régir ; elles ne trouveraient peut-être pas dans l'œuvre immense de la civilisation de l'Afrique un intérêt assez puissant pour les distraire des soins qui les occupent ; il n'en serait pas de même des autres puissances qui ne possèdent aucune terre dans les régions du soleil et qui pourraient se tailler soit par la conquête, soit par le protectorat dans l'ouest de l'Afrique, des colonies qui seraient bientôt aussi florissantes et bien plus paisibles que la plupart des grandes possessions de l'Inde, de l'Algérie, du Cap, et qui ne seraient pas, comme les Guyanes, privées d'une population indigène, propre à l'exploitation du sol.

La sécurité, mère féconde, aura bientôt attiré dans les nouveaux empires l'intelligence et les capitaux européens. Toutes les cultures, celle du coton principalement, y seront développées comme par enchantement. Des millions de consommateurs de produits ouvrés payant avec des matières premières ! quel résultat pour les inassouvis besoins des peuples manufacturiers.

On voit clairement qu'elle énorme différence il y a entre ce qu'il faut faire sur le littoral Ouest africain et ce qu'a fait la France en Algérie, et que l'Angleterre ne cesse de faire dans l'Inde.

Ici, avec le protectorat on n'impose pas une domination de maîtres étrangers aux peuples indigènes, on les aide seulement à se constituer. Il y a un abyme entre les deux situations. Il ne faut donc pas présumer des résistances qui n'existeront pas et s'inquiéter de vastes et dispendieux moyens, qui seront inutiles.

J'arrive à la question de l'extination de l'esclavage des noirs par les noirs eux-mêmes, non seulement dans les colonies, mais dans le sein même de l'Afrique.

Les Etats constitués et centralisés, le prince établira quelque chose d'analogue à notre conscription et chaque année, une levée de jeunes gens, des deux sèxes, sera opérée dans l'empire.

Ces recrus seront engagés envers les colonies pour huit ou dix ans, et iront y contracter les habitudes du travail régulier, se façonner à nos industries, se plier à notre discipline, s'imprégner de notre religion et de nos mœurs, acquérir la connaissance de nos langues, se créer enfin à la civilisation moderne pour revenir, obligatoirement — sinon tous, du moins une partie — au pays natal, rapportant tout ce bagage moral et industriel que des siècles seraient insuffisants à implanter sans le secours de ces modernes argonautes.

Il sera bien établi que ces jeunes gens, fussent-ils esclaves au moment où le Souverain les engagera aux européens, seront déclarés libres et que libres ils seront à leur retour dans l'Empire : condition sans laquelle aucun d'eux ne voudraient y revenir.

Les Rois noirs n'ont jamais élevé le prix des individus qu'ils vendent aux négriers à plus de 200 à 250 francs, il n'y a donc aucune raison pour ne pas considérer ces chiffres comme maximum du prix d'engagement ; il sera certainement réduit.

Ce prix d'engagement, le salaire consenti et les autres prestations, que nous détaillerons, établiront d'une façon si évidente l'économie de la main d'œuvre libre sur le travail forcé, que la possession de l'homme apparaîtra tellement onéreuse aux planteurs des colonies à esclaves, que l'esclavage devra forcément être abandonné, si le recrutement fournit une suffisante quantité de bras libres.

Comptons :

L'administration intermédiaire entre le planteur et la compagnie qui effectue l'immigration, livre le noir engagé pour dix ans au prix de quatre cent deux francs qui comprend l'achat et le transport.

Cette somme divisée par les dix années donne par an.	40 f.	20 c.
Le salaire réglementaire est de douze francs par mois, soit pour l'année.	144	00
La nourriture qui ressortira à quarante centimes par jour, s'élèvera par année à. .	146	00
Dépense annuelle.	330 f.	20 c.

Voilà donc un jeune serviteur, dans la force de l'âge, qu'on n'a pas eu à soigner dans son enfance, dont on n'aura pas en charge la vieillesse, qui donnera pendant dix ans un travail régulier au prix annuel d'environ 330 francs.

Comparons :

Aux états Sud de l'Union américaine, comme à la Havanne, l'esclave vaut 5,000 francs : c'est le prix moyen de tous les membres d'un atelier de planteur de sucre, de coton ou de tabac.

L'intérêt de ce capital, essentiellement périssable, et son amortissement ne saurait être établis à moins de dix pour cent par an, soit pour une année.	500 fr.
Nous restons au-dessous des dépenses de toute nature, en ne les portant qu'à.	150
Le travailleur esclave coûtant par année. . .	650 fr.

Son travail est d'un prix à peu près double de celui d'un engagé libre.

Si, comme nous le croyons, l'Afrique bien constituée, pourra fournir, et au-delà, les travailleurs libres dont les colonies auront besoin, qu'elle raison y aura-t-on pour conserver une institution que, même ceux qui en profitent, ne défendent que parce qu'ils redoutent les conséquences de son abolition et qu'ils ne croyent pas à la continuation d'un travail régulier, quoique rémunéré, par les bras que la liberté leur enlèverait.

Le recrutement annuel n'épuisera pas l'Afrique car il nécessitera un sacrifice moindre que celui qu'elle supporte depuis plusieurs siècles : les razias ne détruiront plus deux ou trois individus pour en captiver un et les devastations qui les accompagnent n'entraineront plus, par la misère, d'effroyables mortalités.

Les enfants qu'elle aura essaimés reviendront en partie au pays natal, alors qu'ils seront certains d'y rentrer libre et bientôt il ne faudra plus de coërcition pour les engager envers les colons.

L'organisation en grands états, la volonté toute puissante du Souverain, l'influence des établissements des européens, les émigrés rentrés et, par-dessus tout, le Christianisme devenu dominant, auront bientôt fait raison de l'esclavage : les causes qui l'ont détruit en Europe, se retrouveront en Afrique, l'effet sera inévitablement le même.

Voilà les résultats à obtenir en peu de temps, à peu de frais et avec une facilité telle, que l'on s'étonnera que les sociétés abolitionnistes, qui ont tant ressassé cette question de la destruction de l'esclavage, n'aient pas vu où se trouve la seule solution vraie et possible.

La civilisation de l'Afrique ne pouvant être affectué que par l'Europe, y a-t-il, pour celle-ci, un moyen moins coûteux, plus facile, plus prompt et plus certain de l'opérer que celui que je viens d'exposer ?

Guadeloupe, décembre 1858.

DREVETON,
Juge de Paix à la Pointe-à-Pitre.

www.ingramcontent.com/pod-product-compliance
Lightning Source LLC
LaVergne TN
LVHW012018170826
845678LV00004BA/1536

* 9 7 8 2 3 2 9 6 3 1 8 1 3 *